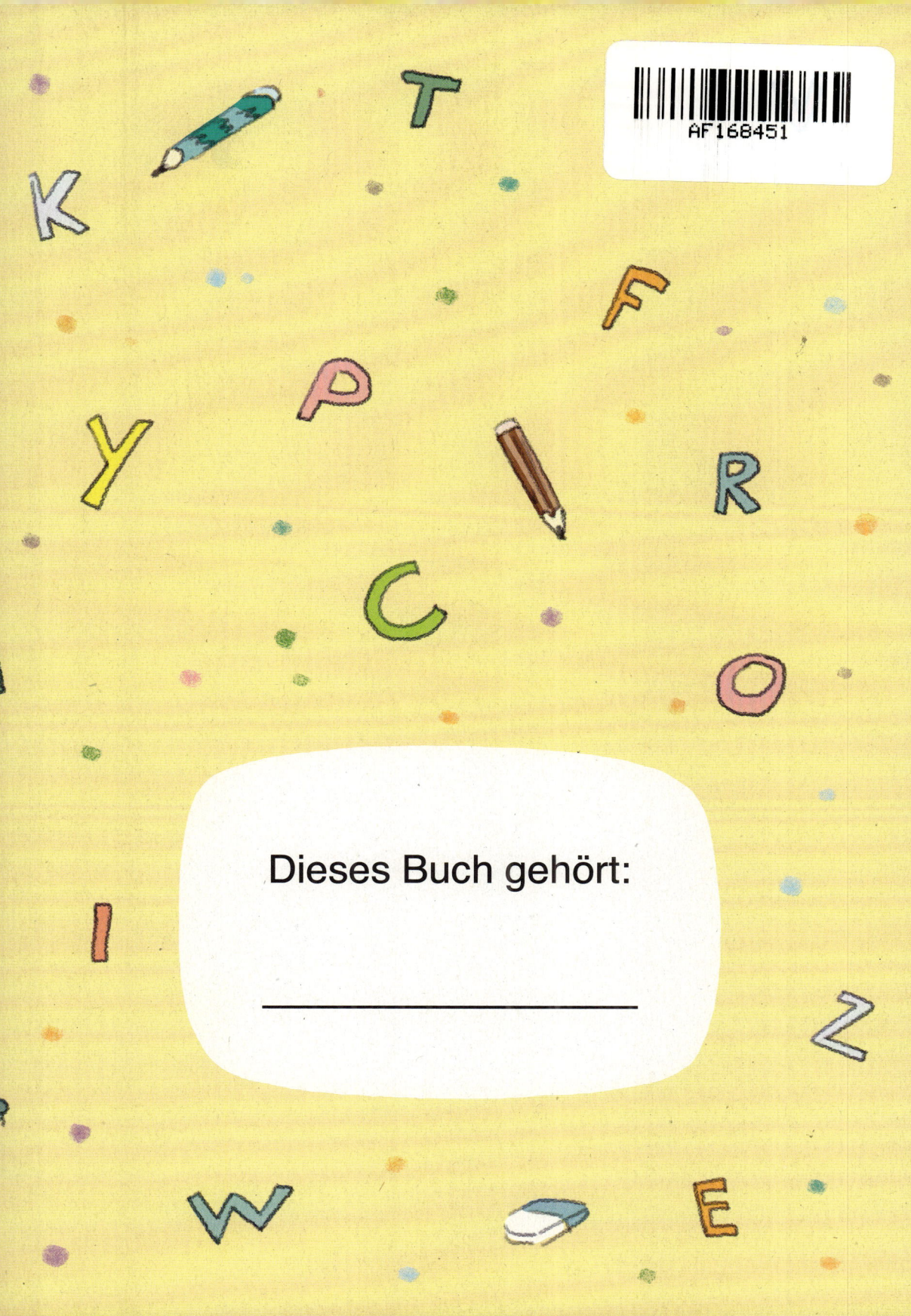

Ein Verlag der Westermann Gruppe

Der Bücherbär
1. Auflage 2023
© 2023 Arena Verlag GmbH
Rottendorfer Straße 16, 97074 Würzburg
Alle Rechte vorbehalten
Dieser Band enthält:
„Ein ganz besonderer erster Schultag" von Christina Koenig mit
Illustrationen von Sonja Egger, „Millis erster Schultag" von Frauke Nahrgang
mit Illustrationen von Katja Jäger und „Schulgeschichten" von Ulrike Kaup
mit Illustrationen von Elli Bruder
Cover: Elli Bruder
Gesamtgestaltung: Westermann Druck Zwickau GmbH
Gedruckt in Deutschland
ISBN 978-3-401-71910-8
Besuche den Arena Verlag im Netz:
www.arena-verlag.de

Die besten Geschichten zum Schulanfang

Der Bücherbär

Liebe Eltern,

jedes Kind ist anders. Manche Kinder kennen bereits alle Buchstaben in der Vorschule und können erste Wörter lesen. Andere Kinder lernen das Abc erst in der Schule. Für das spätere Leseverhalten ist es jedoch völlig unerheblich, wann Kinder das Alphabet meistern. Wichtig aber ist der Spaß am Lesen – von Anfang an.

Dieses Buch begleitet Ihr Kind ab dem Vorschulalter und hilft ihm dabei, die Lust am Lesen zu entdecken. Mit jeder der Geschichten erhöht sich der Schwierigkeitsgrad. So wie auch das Lesevermögen Ihres Kindes wächst. Ihr Kind hat dadurch die Möglichkeit, unterschiedliche Geschichten zu einem spannenden Thema zu lesen und sich dabei im eigenen Tempo zu steigern. Motivierende Leseerfolge und lang anhaltende Freude am Lesen sind dadurch garantiert.

Die Bilder-, Buchstaben- und Leserätsel am Ende jedes Abschnitts machen Spaß und regen zum Nachdenken und zum Gespräch über die Geschichten an. Denn Kinder, die viel Gelegenheit zum Sprechen haben, lernen auch schneller lesen.

Ihr Bücherbär

Empfohlen von Westermann

Die besten Geschichten zum Schulanfang

Mit vielen Bilder-, Buchstaben- und Leserätseln

Inhalt

1. Stufe
Bilder ersetzen Hauptwörter

Christina Koenig
Ein ganz besonderer erster Schultag   11

2. Stufe
Erstes Selberlesen mit Bildergeschichten

Frauke Nahrgang
Millis erster Schultag   59

3. Stufe
Mit Silbentrennung lesen

Ulrike Kaup
Schulgeschichten   99

1. Stufe
Bilder ersetzen Hauptwörter

Kinder, die das Abc noch nicht gelernt haben, können diese Geschichte trotzdem ganz leicht mitlesen. Denn alle Hauptwörter im Text werden durch kleine Bilder ersetzt. Die erfahrene Vorleserin oder der erfahrene Vorleser liest die Geschichte vor und das Kind benennt die Bilder. Am Ende gibt es eine Liste mit den Wörtern zu den Bildern. Viele farbige Bilder laden zu kleinen Verschnaufpausen ein und unterstützen dabei, die Geschichte zu verstehen.

Das macht Lesenlernen zum gemeinsamen Lesevergnügen.

Christina Koenig

Ein ganz besonderer erster Schultag

Bilder von Sonja Egger

Christina Koenig
studierte nach Berufsausbildungen Film und Kommunikation (HDK Berlin/UFF Rio de Janeiro) und leitete u.a. ein prämiertes edukatives Filmprojekt in Brasilien. Seit vielen Jahren schreibt sie nun schon Bücher für Kinder und Jugendliche und formt Engel-Unikate in ihrer Werkstatt. Schreibtisch und Atelier befinden sich heute in der Altstadt von Meißen (www.koenigin-christina.de).

Sonja Egger
wurde 1967 in Graz geboren. Sie studierte das Fach Bühnenbild an der Universität für Darstellende Kunst in Wien und absolvierte eine Grafik-Ausbildung. Seit vielen Jahren ist sie als freischaffende Illustratorin für verschiedene Verlage tätig.

Kapitel

Ein Riese mit hundert Armen   14

Ein kleiner Held   28

Der erste Schultag   33

Frau Vogel   38

Noch eine Überraschung   44

Rätselseite   50

Die Wörter zu den Bildern   52

Ein Riese mit hundert Armen

„Und ich will schreiben lernen",

sagt  feierlich.

„Ich will mal   schreiben.

Über 🌹 und 🌵 ."

🧒 spitzt die 👄:

„Ich denke 🪟☀ und 🪟🌙

an den 🌳.

👨‍👩‍👦 sagt, der wächst

auf jedem 🏫.

Die 🎒🎒 hängen daran."

„Ich habe auf unserem

keinen  gesehen", überlegt .

 wundert sich:

„Ein ?

Da lachen doch die ."

Als  später im  liegt,

leuchtet der  wie ein

in sein .

Wie soll  da bloß einschlafen?

„Wachsen bei dir ?",

fragt  den  und gähnt.

Seine 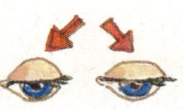 werden schwer.

Da steht plötzlich ein  vor ihm.

Er hat hundert .

Der  ist ein .

Und er hängt voller .

Der  steht vor einer .

Doch die  liegt verlassen da.

Sie hat 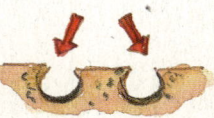 im .

Kein einziges  ist zu sehen.

Ob es ein  ist?

Wie ein   schleicht  näher.

Er versteckt sich hinter dem  .

Sicher ist sicher.

Da bewegen sich die .

 schaut nach oben.

In den  raschelt es!

 zieht den  ein.

Sein trommelt wie wild.

Plötzlich landet ein

direkt vor seinen 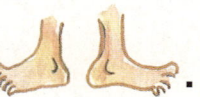.

Zwei weitere 🦒 🐇 🐒 klettern

aus den 🎒🎒 heraus:

eine 🦒 und ein 🐇.

Der 🐒 schaut sich eilig um.

„Wo sind denn die 👨‍👩‍👧‍👦?", zetert er los.

„🎒 ohne 👨‍👩‍👧‍👦 sind wie   🐰🐰 ohne 👂👂",

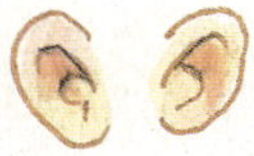

beschwert sich der 🐰.

„Oder wie eine 🦒 ohne 🧑‍🦰", sagt die 🦒.

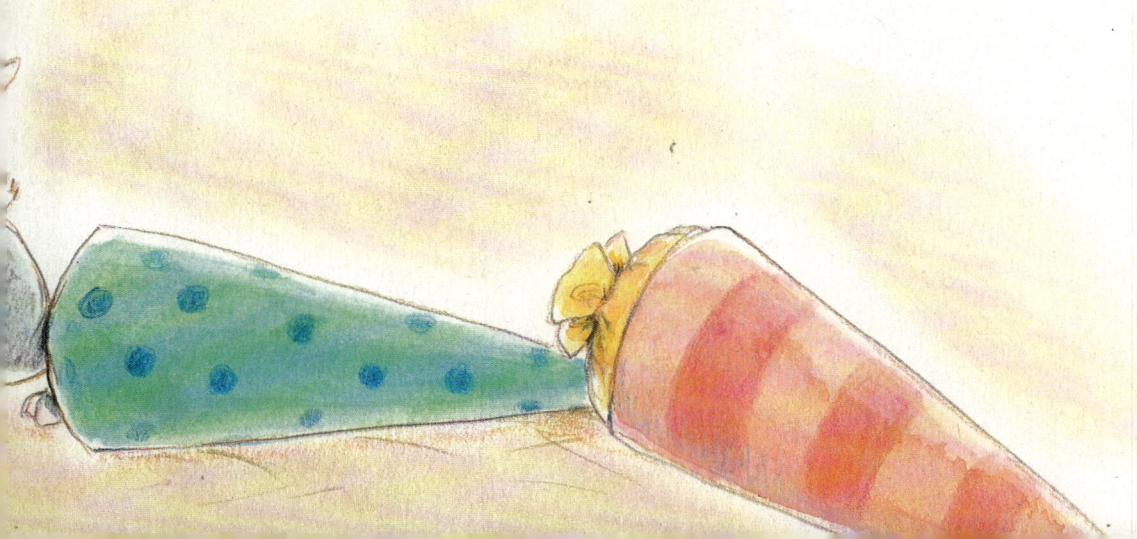

Ein kleiner Held

Da landet ein frecher

zwischen den  der .

"Wir haben eine neue ",

trällert der . "Hier ist tote !"

"Hat die neue

auch einen ?",

fragt der  besorgt.

„Die neue ?", pfeift der .

„Die hat gar keinen .

Ich lande immer auf der ."

„So ein !", ruft  enttäuscht.

„Dann bekommen die  ja gar keine ! Arme !"

Der  plustert seine .

Er zupft vorsichtig am  des .

Schnell klettert 🧒 den 🌳 hoch.

Die 🎁 hängt er an den 🪡.

Wie eine prächtige 📿 gleiten sie

über die 🏠🏠 der 🏙️.

Der erste Schultag

„Los, mach , ",

ruft 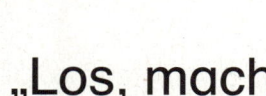 morgens aus der .

„Oder willst du in die  -?"

 reibt sich die .

Schnell springt er aus dem .

Vor dem  trifft

,  und ihre .

Die  sind stolz

auf ihre neuen .

 hat eine mit

und  eine mit .

 hat eine

mit  und .

Als die  auf den  kommen,

sieht  keinen einzigen .

Oben auf dem  sitzt ein .

Ist das etwa der  von letzter  ?

Alle strömen in den großen

der . Dort werden sie

von den  begrüßt.

Dann rennen zwei  auf die .

Sie streiten sich um eine .

Die  prusten los.

Ein dritter   kommt hinzu.

Er schnappt sich die  und

pustet hinein. Aber er trötet wie ein .

,  und  biegen sich vor .

Frau Vogel

Dann stolpern die 🤡🤡 von der 🎭.

👦, 👧 und 👧 gehen

mit ihrer 👩‍🏫 in ihr 🏫.

Alle 👫 suchen sich einen 🪑

und einen 🪑 aus.

„Ich heiße Frau Vogel 👩",

stellt die 👩‍🏫 sich vor.

Dann malt sie etwas an die ✏️🟩 .

Es ist ein gelber 🐦 ,

so gelb wie ihre 🧥 .

Die 👨‍👩‍👧‍👦 kichern und schließen

ihre 👧 sofort ins ❤️ .

Bald ist die 🟩(ABC) bunt wie ein 🎨.

Plötzlich ertönt der 🔔.

„Wer will mit auf den 🏫?",

fragt 👩.

Alle wollen mit.

Auf dem  hinter der

warten die .

„Eine  mit ganz vielen !",

ruft  glücklich,

als sie die gelbe  sieht.

 reibt sich verwundert die .

Dann öffnen die  ihre .

Ein  findet einen kleinen .

Marie zieht einen  heraus.

Ihre   strahlen.

Und  fühlt sich wie

Noch eine Überraschung

„Alle mal herkommen!", ruft .

In ihren  hält sie

einen winzigen .

„Unser  braucht

dringend !", erklärt .

Der  ist ja noch ein ,

denkt .

Er schnappt sich den 🪏 .

Als das 🕳 für den 🌳 groß genug ist,

schütten 👧 und 👦

etwas 〰 hinein.

Mitten in den 🕳 setzen sie den kleinen 🌳.

„Du musst wachsen wie ein 🧔, und hundert 🫱🫲 kriegen", flüstert 👦 dem 🌳 zu.

👦, 👧 und 👩 jubeln.

„In der 🏫 ist es einfach toll",

findet 👧.

Da fliegt ein kleiner 🐦 herbei.

Er flattert um den 👶-🌳 herum.

 streckt seine aus,

und der  landet darauf.

 und  staunen.

Und  grinst geheimnisvoll.

Dann freuen sich alle auf .

Rätselseite

Welcher Wollfaden führt zur Schule?

Worauf freuen sich Marie, Paula und Anton?

B  U  K

Worum streiten sich die Clowns?

S  P  A

Was malt Frau Vogel an die Tafel?

G  U  H

Was bekommen die Kinder auf dem Pausenhof?

R  N  M

Welches Wort ergeben die Buchstaben vor den richtigen Antworten?

__ __ __ __

Lösung: Baum

Die Wörter zu den Bildern

Anton

Marie

Paula

Freunde

Schule

Lesen

Bücher

Schnecken

Rosen

Kakteen

Igel

Stacheln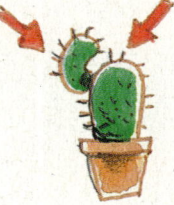

Lippen

Tag

Nacht

Schultütenbaum

Mama

Schulhof

Schultüten

Baum

Hühner

Bett

Mond

Scheinwerfer

Zimmer

Augenlider

Riese

Arme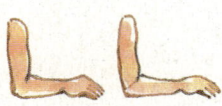

Löcher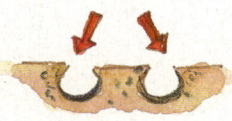

Dach

Kind

Geisterhaus	Hase
Detektiv	Kinder
Zweige	Ohren
Kopf	Hals
Herz	Spatz
Affe	Hörner
Füße	Hose
Tiere	Dachrinne
Giraffe	Mist

Federn

Pullover

Faden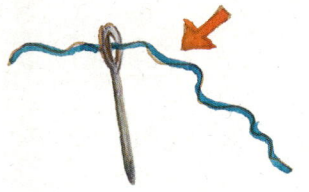

Schnabel

Seilbahn

Kette

Stadt

Dampf

Papa

Küche

Schnecken-Schule

Augen

Haus

Eltern

Schultaschen

Blumen

Flugzeuge

Saal		Klassenzimmer	
Lehrer		Tisch	
Clowns		Stuhl	
Bühne		Frau Vogel	
Trompete		Tafel	
Zuschauer		Vogel	
Elefant		Jacke	
Lachen		Farbe	
Lehrerin			

Farbkasten		Wasser	
Gong		Baby	
Pausenhof		Spaten	
		Matsch	
Rutsche		Löwe	
Junge		Bauch	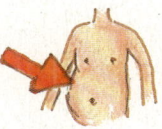
		Pizza	
Supermann		Baby-Baum	
Hände	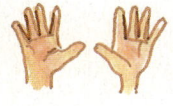		

2. Stufe
Erstes Selberlesen mit Bildergeschichten

Hat Ihr Kind erfolgreich alle Buchstaben gelernt, dann ist es bereit, die Welt der Bücher zu erobern. Die folgende Geschichte ist ideal für den Anfang. Denn sie bietet besonders übersichtliche Leseeinheiten und sehr kurze Zeilen. Außerdem helfen lustige Bildergeschichten dabei, die Texte zu verstehen, und sie verschaffen kurze Lesepausen.

So macht erstes Selberlesen Spaß!

Frauke Nahrgang

Millis erster Schultag

Bilder von Katja Jäger

Frauke Nahrgang
wurde 1951 in Stadtallendorf geboren, wo sie auch heute
noch lebt. Als Grundschullehrerin beschäftigte sie sich viele Jahre
intensiv mit dem Erstleseunterricht. Auch als Kinderbuchautorin hat
sie sich einen Namen gemacht und veröffentlichte zahlreiche
Bilderbücher und Bücher für Erstleser.

Katja Jäger
wuchs in Pirna bei Dresden auf. Schon in der ersten Klasse
wusste sie, dass sie Illustratorin werden möchte. Am liebsten
entwickelt sie tierische Figuren. Sie lebt mit ihrer Familie in der
Nähe von Remscheid und genießt die täglichen Runden mit
ihrem Hund durch den Wald. Die Farbe Grün und
Frösche hat sie besonders gern.

Kapitel

Der erste Schultag	64
Benno Bär ist traurig	70
Erwischt!	79
Eine echte Schulmaus	86
Buchstaben- und Leserätsel	94

In dieser Geschichte spielen mit:

Milli

Benno

Frau Eule, die Lehrerin

Schwierige Wörter im Text:

die Schulmaus

die Schule

die Lehrerin

der Purzelbaum

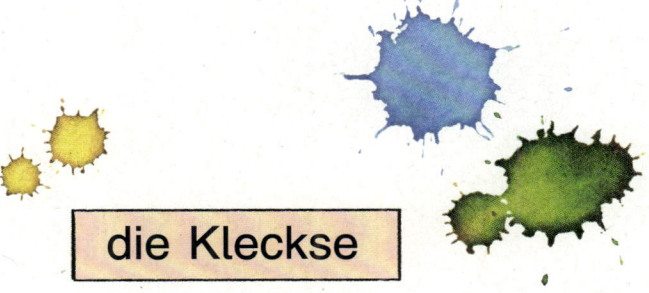

die Kleckse

Der erste Schultag

Milli kommt in die Schule.
Endlich ist sie
eine echte Schulmaus.

Milli läuft los.
Den Weg kennt sie genau.

Aber was ist das?
In der Schule
sind alle
viel größer als Milli.

Bestimmt ist Milli noch viel zu klein. Sie traut sich nicht hinein.

Frau Eule kommt.
Die Lehrerin
schaut aber streng.
Auch das noch!

Milli versteckt sich unter einem Pilz. Ängstlich schaut sie aus ihrem Versteck.

Benno Bär ist traurig

Frau Eule sagt:
„Zuerst machen wir
Purzelbäume."

Juhu!
Das macht Spaß!
Sofort purzeln alle
um die Wette.

Nur Benno Bär
kann keinen Purzelbaum.
Nanu?
Das ist doch ganz leicht.

Armer Benno!
Milli möchte
ihm helfen.
Aber sie hat Angst.

Benno sieht traurig aus.

Bestimmt weint er gleich.

Da hält Milli
es nicht mehr aus.
Sie schleicht
aus ihrem Versteck.

**Heimlich
zeigt Milli Benno,
wie es geht.
Dann üben sie zusammen.**

Endlich
kann der Bär es auch.
Glücklich
purzelt er los.

Schnell huscht Milli
wieder unter den Pilz.
Das ist gerade so
noch mal gut gegangen.

Erwischt!

Nun holt Frau Eule
bunte Farben herbei.
Sie sagt:
„Jetzt malen wir Bilder."

Aber was ist mit Benno?
Der arme Bär
macht nur dicke Kleckse.

Milli muss Benno
noch einmal helfen.
Sie malen eine Maus
und einen Bären.

**Jetzt aber schnell
zurück ins Versteck!**

Doch da ruft Frau Eule:
„Wer ist denn das?"

Ach du Schreck!
Frau Eule
hat Milli entdeckt.
Nun ist alles aus!

Millis Herz klopft laut.
Ob die Lehrerin
mit ihr schimpft?

Eine echte Schulmaus

Aber auf einmal
schaut Frau Eule
gar nicht mehr streng.
Sie lacht sogar.

Frau Eule sagt:
„Willkommen
in der Schule,
liebe Maus."

Milli wundert sich.

„Juhu!", ruft Benno.
Er packt Milli
und tanzt mit ihr
im Kreis herum.

Benno kann gut tanzen.
Da tanzen alle mit.
Sogar Frau Eule.

Milli freut sich. „Endlich bin ich eine echte Schulmaus", sagt sie glücklich.

Buchstaben- und Leserätsel

Was reimt sich?

Frau Eule staunt

und glaubt es kaum.

Benno macht

'nen _____.

Was ist der richtige Name?

Der **B**är heißt **B**enno.

Die **M**aus heißt **M**illi.

Das **W**ildschwein heißt _____.

Robert   **W**illi   **P**aul

Silbenrätsel

Den hat die Maus ganz neu:

zen   ran   Schul

Wo wohnt das Reh?

Die Anfangsbuchstaben verraten es dir.

Das Reh wohnt im _____.

___ ___ ___ ___

Die Lösungen findest du auf der übernächsten Seite.

Die Geschichte könnte auch so anfangen:

Der Elefant
kommt in die Schule.
Aber dort
sind alle viel …

Wie geht
die Geschichte weiter?

Lösungen

So heißt es richtig:
Frau Eule staunt
und glaubt es kaum.
Benno macht
'nen Purzelbaum.

Das **W**ildschwein heißt **W**illi.

Die Maus hat einen neuen
Schul-ran-zen.

Das Reh wohnt im **Wald**.

W A L D

3. Stufe
Mit Silbentrennung lesen

Auch die folgenden kleinen Geschichten sind in übersichtliche Leseeinheiten mit kurzen Zeilen unterteilt. Zudem sind die Sprechsilben dunkelblau/hellblau markiert. Das hilft dabei, die Wörter richtig lesen und verstehen zu können. Viele bunte Illustrationen unterstützen das Textverständnis. Damit gelingt auch das Lesen etwas längerer Texte.

Übung macht den „Leseprofi".

Ulrike Kaup

Schulgeschichten

Bilder von Elli Bruder

Ulrike Kaup
wurde in Gütersloh geboren. Sie studierte Germanistik und Sozialwissenschaften in Münster. Danach ging sie ins Ausland und lebte unter anderem ein halbes Jahr in Australien. Sie ist Realschullehrerin und schreibt Kinderbücher.

Elli Bruder,
geboren in der Pfalz, hat schon als kleines Mädchen gerne Bildergeschichten gezeichnet. Seit dem Studium in Schottland und Freiburg arbeitet sie als Illustratorin. Sie lebt mit ihrem Mann und einem Stall voller Tiere am Ratzeburger See.

Die Geschichten

Das ganze Abc   104

Das Zahlen-Monster   112

Wer spukt denn hier?   120

Hummeln und Grashüpfer   128

Lösungen   136

In diesen Geschichten spielen mit:

Emma

Berat

Florentine,
genannt Flo

Oskar

Frau Blum,
die Klassenlehrerin
der 1a

Schwierige Wörter im Text:

das Sommer-Fest

die Brot-Gesichter

das Zahlen-Monster

die Gespenster-Vögel

der Grashüpfer

das Kostüm

Das ganze Abc

Frau Blum kommt in die Klasse.
Sie sieht sehr fröhlich aus.
„Heute werden wir die Foto-Wand
für unser Sommer-Fest
vorbereiten",
verkündet Frau Blum.

Berat, Emma, Flo und Oskar
rutschen aufgeregt
auf ihren Stühlen herum.

„Können alle mitmachen?",
fragt Flo neugierig.
„Ja, dazu brauche ich
alle Kinder der 1a",
antwortet Frau Blum.

„Ich habe schon eine Idee",
sagt Emma.
„Wir legen uns auf den Boden
und bilden Buchstaben.
Das ganze Abc.
Für das A brauchen wir
Flo und Berat und mich."

„Und Frau Blum macht die Fotos!",
ruft Oskar dazwischen.

„Was für ein schöner Einfall!",
staunt Frau Blum.
„Das machen wir morgen.
Denn heute habe ich
eine Überraschung für euch."

Wie viele Kinder braucht Emma
für das A?

„Sesam, öffne dich!",
sagt Frau Blum feierlich.
Dann öffnet sie die Tür
zum Klassenzimmer
gleich nebenan.

Dort stehen Teller und Becher
auf den Tischen.
In allen Farben.

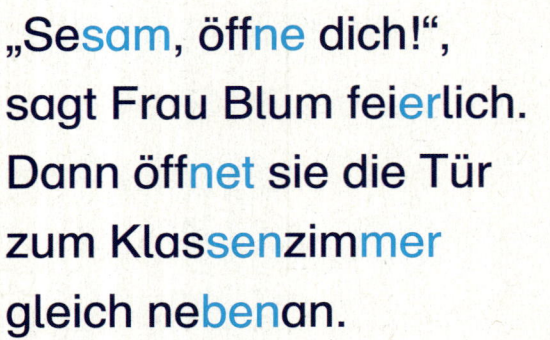

„Ihr dürft Brot-Gesichter machen",
verrät Frau Blum.

Es gibt Brot und Butter,
Käse, Tomaten und Paprika
und viele andere leckere Sachen.
Sogar Knoblauch-Wurst ist dabei!

Frau Blum fotografiert
alle Brot-Gesichter:
die lustigen, die wütenden
und die verrückten.

Danach darf jedes Kind
sein Brot aufessen.
„Und Frau Blum
bekommt auch eins!",
ruft Flo fröhlich.

 Welches Kind hat welches Brot-Gesicht gemacht?

Das Zahlen-Monster

Die Kinder der 1a
sitzen im Stuhlkreis.
Frau Blum liest heute
eine Geschichte vor.

Und so beginnt sie:
Tief im dunklen Wald
da wohnt ein Zahlen-Monster.

Jeden Tag rechnet das Monster
mit den Zahlen von eins bis zehn.
Gemeinsam leben sie
in einem Schloss mit Garten,
das von einer hohen Mauer
umgeben ist.

Eines Tages aber
will die neugierige Drei
in die Welt hinausziehen.
Sie möchte gerne
in einem Märchen mitspielen.

Sie klettert auf die Fünf,
springt mit einem Satz
über die Mauer und läuft davon.

Da weint das Zahlen-Monster bitterlich.

Doch die Zwei und die Eins trösten das Zahlen-Monster. „Nimm doch uns beide", schlagen sie vor. „Zusammen ergeben wir drei."

Warum weint das Zahlen-Monster?

„Und so endet die Geschichte",
sagt Frau Blum.
„Das Zahlen-Monster ist wieder froh.
Und vielleicht rechnet es noch heute
mit der Eins und der Zwei."

„Was ist wohl mit
der Drei passiert?",
fragt Emma.

„Bestimmt ist sie
bei einer guten Fee",
sagt Berat.
„Eine gute Fee erfüllt doch
immer drei Wünsche."

„Und wenn die Sieben wegläuft,
dann helfen die Zwei und die Fünf",
überlegt Oskar laut.

„Ich mag das Zahlen-Monster",
sagt Flo zu Frau Blum.
„Wir auch!",
jubeln die anderen Kinder.
„Wir sind ab jetzt
die Zahlen-Monster-Klasse!"

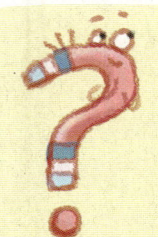 **In welchem Märchen hat sich die Sieben versteckt?**

Wer spukt denn hier?

Ein runder Mond steht am Himmel.
Die 1a freut sich auf die Lesenacht.

Berat hat sich verkleidet.
Er hat spitze Eckzähne
und einen schwarzen Umhang.
Im Schein einer Lampe liest er
eine Vampir-Geschichte vor.

Da schleicht sich Flo
aus der Klasse.
Oskar und Emma warten schon
auf dem Flur.

„Hier sind meine Gespenster-Vögel",
flüstert Flo und kichert.
Die Vögel sind aus Papier
und sehen so gruselig aus.
Mit ihren roten Augen!

Emma klettert auf einen Stuhl
und hängt die Gespenster-Vögel
an eine Wäscheleine.
Einen nach dem anderen.

Lautlos schweben sie
durch den Raum.
Wie Geister
aus einer finsteren Welt.

Oskar kann es kaum erwarten,
Frau Blum zu erschrecken.
„Los, verstecken wir uns!",
sagt er und macht das Licht aus.

Flo zählt leise bis drei.
Dann heulen die Kinder los.
Wie schaurige Gespenster.

Wie wollen die Kinder
ihre Lehrerin erschrecken?

Da fliegt die Tür auf.
Frau Blum
steht im Flur.
"Hilfe!", ruft sie
erschrocken.
"Gespenster!"

Sie sucht den Lichtschalter.
Aber sie findet ihn nicht.
So aufgeregt ist sie!

„Wer hat sich bloß
diesen Streich ausgedacht?",
fragt Frau Blum die Klasse.

„Das waren wir!",
rufen Berat, Emma,
Oskar und Flo gleichzeitig.
„Wir, die Grusel-Bande!"

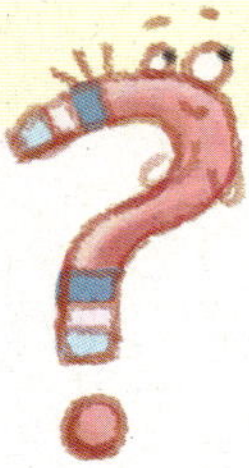

Im Klassenzimmer verstecken sich drei Gespenster. Findest du sie?

Hummeln und Grashüpfer

Heute treffen sich alle Kinder der 1a
auf dem Sommer-Fest.
Sie haben ihre Eltern und Geschwister
dazu eingeladen.
So macht das Feiern richtig Spaß!

Es gibt auch einen Wettbewerb.
Wer will, darf sich
als Insekt verkleiden.
Und für das schönste Kostüm
gibt es einen tollen Preis.

„Wir sind dicke Hummeln",
summt Flo fröhlich.
„Mit Flügeln und Fühlern",
ergänzt Berat.
„Und mit sechs Beinen",
sagt Oskar.

Emma kommt als Grashüpfer.
„Das passt", meint Flo.
„Keiner kann so hoch springen
wie du!"

Warum passt
der Grashüpfer zu Emma?

„Jetzt geht's los!",
flüstert Oskar aufgeregt.
Die vier Freunde
dürfen endlich
ihre Kostüme zeigen.

Emma hüpft auf die Bühne
und macht – eins, zwei, drei –
einen Salto.

Auf dem Schulhof
ist es jetzt ganz still.

Alle wollen hören, was Emma sagt:
„Die Schule summt,
die Bühne brummt.
Schaut nur her,
das freut uns sehr!"

Im gleichen Moment
ertönt ein lautes Gebrumm.
Und drei dicke Hummeln
tanzen wild über die Bühne.

Was für tolle Kostüme!
Alle klatschen, so laut sie können.
Ein Hoch auf Emma, Berat,
Flo und Oskar!
Sie haben den Wettbewerb gewonnen.

Welches Kind bekommt welchen Preis?

Lösungen

Seite 107:
Emma braucht für das A drei Kinder.

Seite 111:
So ist es richtig:

Seite 115:
Das Zahlenmonster weint, weil die Drei weggelaufen ist.

Seite 119:
Die Sieben versteckt sich in dem Märchen „Schneewittchen und die sieben Zwerge".
Hier siehst du es:

Seite 124:

Die Kinder hängen Gespenster-Vögel im Flur auf.

Seite 127:

Hier verstecken sich die Gespenster:

Seite 131:

Emma kann so hoch hüpfen wie ein Grashüpfer.

Seite 135:

Das gewinnen Flo, Berat, Emma und Oskar:

Der Bücherbär
Vorschule

Mein LeseBilderbuch

Das liebste Pony der Welt
978-3-401-71667-1

Ferdinand, der kleine Feuerwehrmann
978-3-401-71648-0

Der kleine Pirat und das Geheimnis des Riesenkraken
978-3-401-71571-1

Erdbeerinchen Erdbeerfee Ein gehimnisvolles Geschenk
978-3-401-71670-1

Jeder Band: Ab 5 Jahren • Mein LeseBilderbuch • Durchgehend farbig illustriert • 56 Seiten • Gebunden • Format 17,5 x 24,6 cm

Innenseite aus »Mücke, die Zahnfee, auf Milchzahn-Jagd«
978-3-401-71721-0

Mit Bildern ganz spielerisch lesen lernen! In spannenden Geschichten um eine liebenswerte Figur können schon Kindergarten- und Vorschulkinder von Bild zu Bild mitlesen. So prägen sich Wörter leicht ein und das Lesenlernen macht Spaß!

Empfohlen von Westermann

Der Bücherbär
1. Klasse

Themengeschichten mit Silbentrennung

  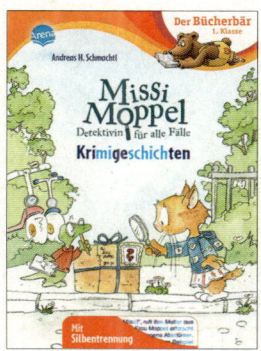 

Das kleine Muffelmonster
Schulgeschichten
978-3-401-71833-0

Polizeigeschichten
978-3-401-71801-9

Missi Moppel
Krimigeschichten
978-3-401-71668-8

Piratengeschichten
978-3-401-71672-5

Jeder Band: Ab 6 Jahren • *Themengeschichten mit Silbentrennung* • Durchgehend farbig illustriert • 48 Seiten • Gebunden • Format 17,5 x 24,5 cm

Große Fibelschrift und Zeilentrennung nach Sinneinheiten

Mit Silbentrennung

Einfache Geschichten mit kurzen Zeilen

Viele farbige Bilder

Innenseite aus »Die kleine Eulenhexe«
ISBN 978-3-401-71735-7

Diese Reihe richtet sich an Leseanfänger in der 1. Klasse. Mit der großen Schrift, den kleinen Kapiteln und den vielen farbigen Bildern macht das erste Lesen viel Spaß.

Empfohlen von Westermann

Der Bücherbär
1. Klasse

Eine durchgehende Geschichte in Kapiteln

Beste Freundinnen und ein Geheimnis auf vier Pfoten
978-3-401-71674-9

Die Spürnasen-Bande und der Fahrrad-Klau
978-3-401-71720-3

Juni, Lasse und der Monster-Schreck
978-3-401-71612-1

Mia, Leo und Fox – drei Freunde auf heißer Spur
978-3-401-71903-0

Jeder Band: Ab 6 Jahren • Eine durchgehende Geschichte in Kapiteln • Durchgehend farbig illustriert • 48 Seiten • Gebunden • Format 17,5 x 24,6 cm

Große Fibelschrift · Bildergeschichten erleichtern das Leseverständnis · Zeilentrennung nach Sinneinheiten · Viele farbige Bilder

Innenseite aus *Beste Freunde und ein tolles Abenteuer*
978-3-401-71587-2

Diese Reihe richtet sich an Leseanfänger in der 1. Klasse. Mit der großen Schrift, den kleinen Kapiteln und den vielen farbigen Bildern macht das erste Lesen viel Spaß.

Empfohlen von Westermann

Sachwissen für Erstleser

Der Wald
978-3-401-71730-2

Die Honigbiene
978-3-401-71773-9

Der Fuchs
978-3-401-71722-7

Die Delfine
978-3-401-71834-7

Jeder Band: Ab 6 Jahren • Sachwissen für Erstleser • Durchgehend farbig illustriert • Gebunden • Format 15,9 x 21,1 cm

Sehr einfache Textgliederung

Große Fibelschrift und kurze Zeilen

Viele farbige Bilder

Innenseite aus »Die Wildkatze«
ISBN 978-3-401-71573-5

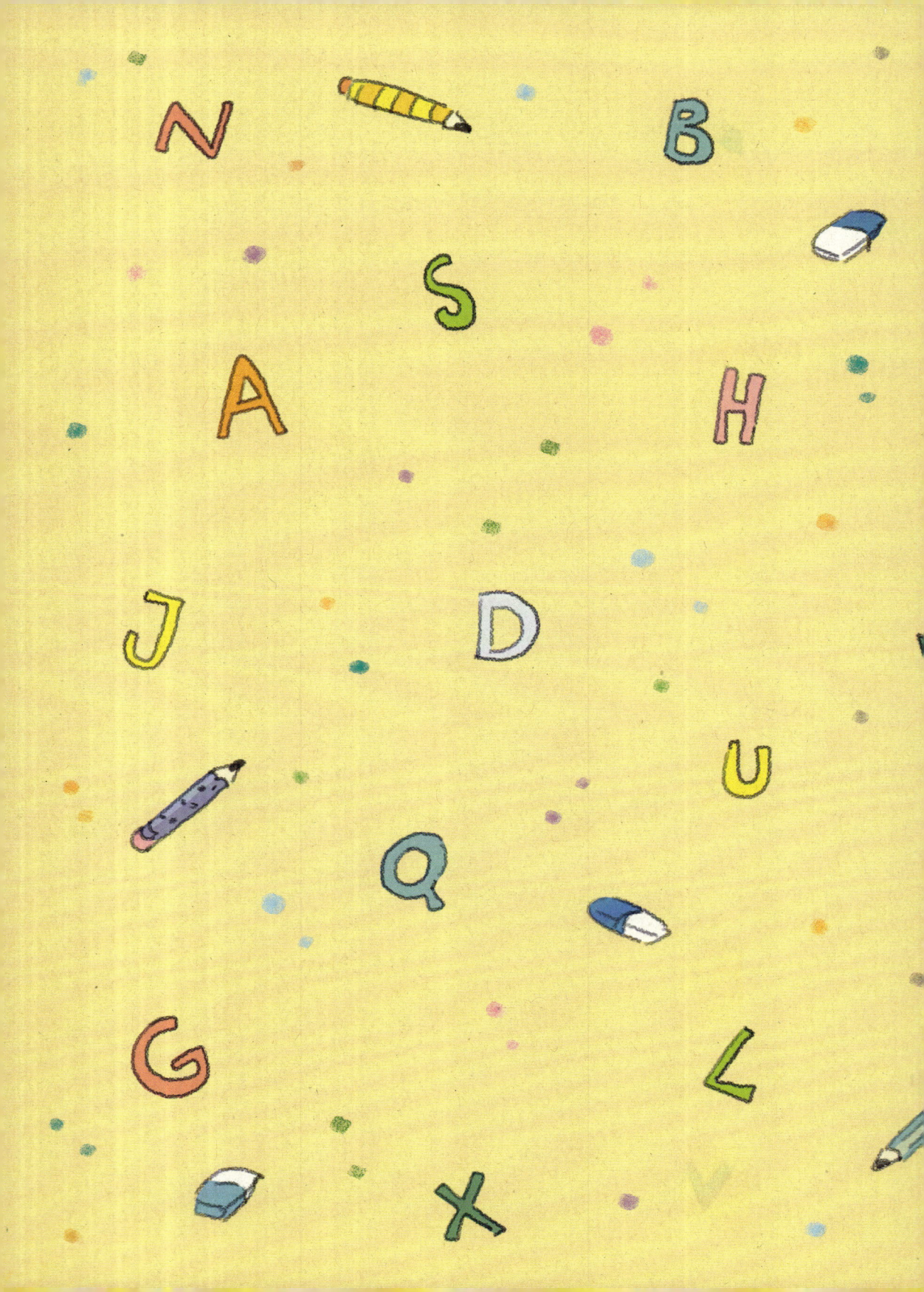